El mundo de ayer

de Stefan Zweig

Entiende fácilmente la literatura con

ResumenExpress.com

www.resumenexpress.com

STEFAN ZWEIG

- **Nacido en 1881 en Viena (Imperio austro-húngaro)**
- **Fallecido en 1942 en Río de Janeiro (Brasil)**
- **Algunas de sus obras:**
  - *Jeremías* (1914), obra de teatro
  - *María Antonieta* (1932), biografía
  - *Novela de ajedrez* (1941), novela

Stefan Zweig fue un ensayista, biógrafo, novelista, poeta, traductor, coleccionista de manuscritos y, sobre todo, un incansable luchador por la unión espiritual de Europa. Nació en el seno de una familia judía aristocrática en Viena. Como señorito de clase alta, creció con todos los privilegios de su clase y se hizo doctor en Filosofía por la Universidad de Viena. Desde pequeño mostró un gran interés por la literatura, particularmente por la poesía y el teatro, y su primera colección de poemas, *Cuerdas de plata*, le mereció el reconocimiento de toda esa ciudad amante de las artes.

A pesar de que vivía muy cómodo con sus padres y en medio de personas que lo querían y admiraban, cuando estaba en la universidad, Zweig decidió que quería ver el mundo y alejarse de su círculo. Así, vivió en París, donde conoció a todos los escritores bohemios de la época; en Berlín, donde se codeó con todo tipo de personas de todas las clases sociales; y en Nueva York, donde comprendió que ese país sería el futuro del mundo. Además, conoció todos los rincones de Europa, y se convenció de que debería haber una gran identidad europea supranacional.

Después de sus viajes, se estableció de nuevo en Viena, de donde lo sacó el advenimiento de la Primera Guerra Mundial y la caída del imperio austro-húngaro. Pacifista y antinacionalista convencido, al ver lo que sucedía en su país decidió irse a Zúrich, remanso de paz donde aún era posible el pensamiento y la convivencia de personas de países enemigos y desde donde podía escribir con más libertad en contra de la guerra. Al finalizar la guerra volvió a Austria y se estableció en su casa de campo en Salzburgo. Allí, entre los años 1924 y 1933, vivió sus años más tranquilos, productivos y de mayor fama internacional. El ascenso al poder de Hitler y su persecución de los judíos lo obligaron a salir nuevamente de su país, esta vez para siempre. Zweig se fue a Londres, donde la invasión alemana de Austria y Polonia y el inicio de la Segunda Guerra Mundial hicieron que se volviera un desterrado, pues Alemania era el principal enemigo inglés. Finalmente, sus viajes para alejarse de Europa lo llevaron a Brasil, donde se suicidó a los 60 años.

¿Sabía que...?

Stefan Zweig fue uno de los escritores europeos (y austriacos) más populares de su época; su fama en las décadas de 1920 y 1930 era comparable a la de Sigmund Freud, Thomas Mann, George Bernard Shaw y Albert Einstein. Sin embargo, debido a que era judío, los nazis quemaron y prohibieron sus libros y, tras su muerte en 1942, fue paulatinamente olvidado. Hoy en día es recordado en algunos círculos académicos, pero, a pesar de su importancia histórica y de la enorme fama de la que disfrutó en vida, es absolutamente desconocido para la mayoría de las personas.

EL MUNDO DE AYER

LA EUROPA QUE NO PUDO SER

- **Género:** autobiografía, relato histórico, *künstlerroman*
- **Edición de referencia:** Zweig, Stefan. 2011. *El mundo de ayer*. Traducido por Joan Fontcuberta y Agata Orzeszek. Barcelona: Acantilado
- **Primera edición:** 1942
- **Temáticas:** pasado *vs.* presente, fe ciega en la razón y en el futuro, judaísmo, arte como valor supremo

Esta autobiografía de Zweig, publicada póstumamente, es una radiografía de la Europa de finales del siglo XIX y de la primera mitad del siglo XX. En ella, el autor relata los días felices de su infancia y juventud en los que Viena era el centro del mundo y en los que los jóvenes compartían una fe absoluta en el progreso y en la humanidad. Nunca antes las personas habían sido tan sanas, felices y creativas, nunca antes la ciencia había avanzado tanto y nunca antes se había respirado tanta paz en el continente. Sin embargo, las nubes negras de las guerras no tardaron en aparecer y Zweig fue testigo de todo ello.

Esta obra autobiográfica cuenta, pues, desde la perspectiva de primera mano de un judío austriaco, la transformación de Europa con las dos guerras mundiales. Narra los horrores y la destrucción que sufrió Austria, rápidamente convertida en un pequeño país después de haber sido un imperio, la sorpresa y consternación de todos ante la llegada de la guerra, pero también el entusiasmo del pueblo y la rápida exacerbación de los nacionalismos y del odio.

La obra nos cuenta cómo se perdieron la fe y la esperanza, y cómo, cuando los europeos ya pensaban que lo peor había pasado, que podían estar tranquilos y retomar el rumbo, cuando habían visto que la voluntad de vivir era mayor que la derrota y cuando se habían prometido que nunca jamás habría otra guerra como aquella, llegó la Segunda Guerra Mundial para acabar con todo. Esta autobiografía es un manuscrito no solo de un tiempo pasado más bello, más esperanzado y más feliz, sino también el testimonio de una utopía que pudo ser y que acabó en cenizas.

RESUMEN

UNA JUVENTUD FELIZ

Stefan Zweig fue un niño austriaco judío como muchos. Creció en medio de una sociedad que valoraba la seguridad por encima de todo, y que creía que la mejor forma de mantenerla era mediante la preservación de los valores y tradiciones del Imperio, enseñados estrictamente en los colegios. Como todos los austriacos, en particular los vieneses, Zweig creció yendo al teatro y a los cafés y disfrutando de una vida sibarita cultivada con esfuerzo:

> «Amantes de la buena cocina, preocupados por el buen vino, la joven cerveza amarga, los dulces y las tartas abundantes, los habitantes de esta ciudad también eran muy exigentes en otros placeres, más refinados. Interpretar música, bailar, actuar en el escenario, conversar, exhibir modales elegantes y obsequiosos en el comportamiento, todo eso se cultivaba como un arte especial» (Zweig 2011, 33).

La Viena de principios del siglo XX era una ciudad cosmopolita, visitada por toda clase de extranjeros que veían en ella la capital cultural del mundo. El arte, según Zweig, era el valor supremo para los vieneses, que cuando abrían un periódico, no se preocupaban por la política o la economía sino por qué habría en el teatro esa noche. Por eso, obtuvo cierto reconocimiento cuando, recién graduado del colegio, publicó su primera colección de poemas y escribió para el folletín literario más exclusivo del momento, gracias a su editor Theodor Herzl, quien creyó en el talento de Zweig; este fue un gran logro no solo para Zweig, sino también para sus más allegados y particularmente para sus padres, que tras eso le dieron permiso para ir a vivir a Berlín.

Después de pasar seis meses en Berlín, donde entendió la diferencia fundamental entre austriacos y alemanes (estos últimos, según Zweig, tenían un espíritu ahorrador y tacaño y preferían el orden antes que la libertad o el derecho) y donde conoció, por fin, personas distintas a él, de todas las procedencias sociales y que convivían tranquilamente, el joven decidió irse a París, donde vivió la vida bohemia de la época y se hizo amigo de Rilke y de otros poetas que querían vivir de su arte. Allí conoció a famosos escritores, participó en tertulias y se dedicó a la traducción de grandes autores con la esperanza de aprender lo suficiente sobre la vida y sobre la literatura para un día poder dedicarse a escribir.

LA MADUREZ Y LA GUERRA

En el verano de 1914, Zweig estaba de vacaciones. Había decidido aprovechar el tiempo tan agradable que hacía para ir a descansar unos días a Alemania y después visitar a su amigo Émile Verhaeren en su casa de campo en Bélgica. Sin embargo, en un día particularmente bello de junio, llegó la noticia de que habían matado al archiduque Francisco Fernando en Sarajevo.

Al principio, cuando los austriacos —entre ellos Zweig— se enteraron de la noticia, no le dieron mayor importancia. Francisco Fernando, el heredero al trono, no era particu-larmente querido por el pueblo, que lo consideraba frío y falto de modales, así que cuando fue asesinado, al principio hubo pasmo general y, muy pronto, todo fue olvidado. Sin embargo, a pesar de que muchos no los querían ver, los conflictos en Europa estaban cada vez más cargados de tensión y este asesinato era una excusa perfecta. Durante la primera semana tras el asesinato, hubo algunos sobresaltos, amenazas y peleas diplomáticas que eran rápidamente olvidadas: todo el mundo estaba convencido de que las tensiones se resolverían en el último instante. Pero las malas noticias eran cada vez mayores y más amenazadoras y, poco a poco, países como Bélgica empezaron a movilizar a sus ejércitos hacia las fronteras pues temían lo que otros países más fuertes, como Alemania, pudieran hacer.

En esos días, azuzada por los periódicos y la presión internacional, Austria le declaró la guerra a Serbia, y Zweig decidió ir allí para ver lo que sucedía. Lo que se encontró tras cruzar la frontera le resultó increíble: las personas estaban entusiasmadas, Viena parecía casi una fiesta, los hombres jóvenes se alistaban en el ejército y los poetas y artistas elogiaban en sus obras la guerra y sus virtudes. Nadie creía que pudieran perder o que la guerra fuera a ser tan larga.

Zweig no compartía ese entusiasmo, que desde el principio consideró estúpido, y durante esos primeros meses se dedicó a buscar a mentes que pensaran parecido a él para invitar, desde periódicos y revistas, a la fraternidad espiritual. Sin embargo, sus esfuerzos fueron en vano y el conflicto empeoró cada día, arrasando consigo, además, las ilusiones y entusiasmo del principio. Cuando ya vio que no había nada que hacer, Zweig decidió refugiarse en Zúrich, pues Suiza era un país neutral. Allí vivió algunos meses, donde volvió a disfrutar de la comunión con otras personas y se dedicó a escribir a favor del pacifismo, misión que se atribuiría por el resto de su vida.

Cuando le llegó la noticia de que la guerra por fin había terminado, con la rendición de Austria, Zweig decidió que era su responsabilidad volver a su país derrotado y lo que encontró solo al subirse al tren que lo llevaría a Salzburgo lo aterró: el contraste entre los viejos y destartalados trenes austríacos y los suizos era impresionante. Los revisores austriacos, que señalaban dónde debía sentarse la gente, estaban delgados y desharrapados, con uniformes viejos y desgastados; parecían hambrientos y casi se arrastraban por los trenes, que estaban destruidos. A estos les habían desvalijado las correas de cuero para subir y bajar las ventanillas, y el acolchado de los asientos, ya que el cuero con que se hacían era un material de gran valor. Las ventanas estaban destrozadas y por ellas se colaba todo el frío del otoño. Sin embargo, esto no era tan malo, pues así el humo y el hollín mitigaban el olor a muerte y enfermedad que invadía las locomotoras, que habían transportado a varias víctimas durante la guerra. Casi no había carbón para poner en marcha a las locomotoras, que se quedaban atascadas y no podían subir pequeñas colinas. Y eso era solo la primera impresión.

Vinieron años de muchas penurias y dificultades, pues la recién constituida república estaba en la quiebra y la inflación alcanzó puntos jamás vistos. Los precios se duplicaban de la mañana a la tarde, el contrabando se hizo común y el dinero perdió todo su valor.

LA CALMA ANTES DE LA TORMENTA

A pesar de que al principio todo parecía perdido, Austria se recuperó y también lo hizo Europa. La década de 1920 Zweig la pasó en Salzburgo, en su casa de campo, rodeado de amigos y admiradores. Aquella ciudad se había convertido ahora en el nuevo centro cultural y todos querían estar allí. Zweig fue invitado a dar charlas y conferencias no solo en Europa occidental, sino también en Estados Unidos, Rusia y América Latina. Las novelas y biografías que publicó en esa época se vendían por millones de ejemplares en Alemania y su obra era traducida a muchos idiomas. Además, escribió una ópera con uno de los más famosos compositores de la época y un favorito de los nazis, Richard Strauss.

Sin embargo, a pesar de que todo parecía estar bien, Zweig veía cómo en distintas ciudades de Europa empezaban a florecer unos grupos de jóvenes bien entrenados, bien vestidos y con armas nuevas, que siempre aparecían para acallar las marchas obreras: eran los nacionalsocialistas.

De la noche a la mañana, un soldado desconocido de apellido Hitler empezó a ganar más y más reconocimiento y seguidores. Miles de alemanes lo idolatraban, pues había prometido recuperar la economía y acabar con el comunismo. Aunque al principio Zweig no le dio mucha importancia a este señor y sus discursos de odio, muy pronto se empezó a dar cuenta de que algunos amigos dejaban de visitarlo y que muchos no querían ser vistos en público con él.

Un día, la policía llegó a su casa para hacer una requisa, cosa que para Zweig, criado en las libertades del siglo XIX, era un insulto. Este hecho lo llevó a tomarse unas vacaciones en Inglaterra para descansar y alejarse del aire tenso que se respiraba en Austria; además, allí pudo retomar su amistad con Sigmund Freud, con quien se encontró algunas veces. Sin embargo, cuando estaba en Inglaterra, las cosas se complicaron en Austria, que no tenía cómo defenderse de los alemanes, cuya amenaza estaba cada vez más cerca.

Por esa razón, Zweig decidió que lo más seguro era quedarse allí en Londres. Fue desde ese país donde vio la declaración de guerra de Inglaterra a Alemania y donde se dio cuenta de que pronto lo iban a rechazar por ser judío y por no tener patria. Fue así como él y su esposa, cansados, desesperanzados y desterrados, decidieron irse a América Latina donde, finalmente, Zweig escribiría su autobiografía antes de suicidarse pensando que Hitler ganaría la guerra.

Cuando Zweig vivía en Salzburgo fue vecino de Hitler sin saberlo. Esa ciudad queda en la frontera entre Austria y Alemania y, al otro lado del valle austríaco, están las montañas del país alemán. Allí, en un pueblo llamado Berchtesgaden, quedaba el Berghof, refugio del Führer. Toda esa zona, por lo tanto, fue un foco de actividades tempranas del nazismo, al que Zweig nunca le dio demasiada importancia.

ESTUDIO DE LOS PERSONAJES

Por tratarse de una autobiografía, todos los personajes que aparecen en el libro son personas reales. Pero, más importante aún, debido a que Zweig era un escritor famoso, la mayoría de las personas con que se relacionaba también lo eran o formaban parte de selectos grupos intelectuales. Así pues, el lector no debe sorprenderse al encontrar entre los personajes a otras famosas figuras del siglo XX.

STEFAN ZWEIG

El protagonista y escritor del texto era un judío austriaco. Curioso y sensible desde pequeño, siempre amó la literatura y las artes en general. Por eso, durante su vida se dedicó a la escritura de toda clase de textos: desde ensayos hasta poemas, pasando por biografías, teatro y novelas. Zweig, hombre noble y desinteresado, dedicó muchos años de su vida a trabajar para escritores y artistas que admiraba y a traducir sus obras.

Sencillo y celoso de su vida privada, le gustaba que las personas reconocieran sus obras, pero no a su persona. Por eso, la fama le generaba sentimientos ambivalentes. Aunque conoció la riqueza y los lujos, tanto gracias a sus padres como a su trabajo y su fama, también conoció la miseria y las dificultades, sobre todo durante las dos guerras mundiales. Fue durante estos periodos cuando se convirtió en un pacifista convencido, pues creía en la grandeza del ser humano y en su capacidad de sobreponerse a los nacionalismos.

THEODOR HERZL

El señor Herzl, de mediana edad, era un judío de aspecto real. Tenía la frente alta y ancha, los rasgos claros y una larga y negra barba de sacerdote. Sus ojos, melancólicos, eran de un azul intenso. Era, además, un hombre digno, benévolo y de gestos algo ampulosos y teatrales.

Cuando Zweig lo conoció, aún no era el reconocido fundador del sionismo, sino que era el editor del folletín literario *Freie Neue Presse*. Allí, publicó algunos de los primeros textos en prosa de Zweig y, además, habló públicamente en su favor.

ÉMILE VERHAEREN

Era un hombre de frente ancha, cabellos rizados y de color hierro oxidado, rostro curtido, mentón saliente y unas manos estrechas, hábiles y finas, pero fuertes, que contrastaban con sus hombros anchos de campesino. De mirada clara y bondadosa, era un hombre abierto, entusiasta y accesible con una enorme voluntad de vivir. Estaba, además, seguro de sí mismo, pero no era petulante, sino que se mostraba absolutamente independiente y libre, incluso de la tentación de la fama.

Aunque hoy en día su nombre no sea muy familiar, a principios del siglo XX Verhaeren fue un reconocido poeta belga y uno de los fundadores del simbolismo. Además, fue un amante de la modernidad y de todos sus nuevos inventos. Esto se hacía evidente en su poesía, que veía con buenos ojos todos los avances que conseguía el hombre y los alababa con entusiasmo.

SIGMUND FREUD

Freud fue uno de los más grandes y cercanos amigos de Zweig. Era un hombre de ojos oscuros y mirada sincera y serena, con un rostro bello y claro. Tenía un espíritu grande y fuerte, que lo hacía determinado y meticuloso. Freud se mostraba un poco huraño, pero era moralmente inquebrantable y prudente en sus afirmaciones.

Sin embargo, era un fanático de la verdad y no dudaba en ir contra las convenciones morales si estas no le parecían honestas. Era un hombre modesto e intrépido, que siempre tenía la audacia de decir lo que pensaba y el coraje moral de ser fiel a sí mismo costara lo que costara. Por ser el padre del psicoanálisis, Zweig siempre lo consideró el causante de una verdadera revolución espiritual.

RICHARD STRAUSS

Según Zweig, Strauss tenía un rostro vulgar, con mejillas gruesas e infantiles y una redondez ordinaria en sus facciones. Sus ojos azules claros, vivos y radiantes transmitían una fuerza mágica especial. Era un hombre franco y seguro de sí mismo, que tenía una objetividad abstracta y serena incluso cuando se trataba de hacer críticas a su propia obra. Su única satisfacción era el trabajo por sí mismo y despertaba una cierta desconfianza en los demás por su manera de trabajar estricta, metódica, sólida y falta de emoción.

Zweig trabajó con él en el montaje de una ópera y sentía un particular aprecio hacia él, pues Strauss se negó a quitar a Zweig de los créditos de dicha obra. Debido al origen judío de Zweig, Hitler y el partido nacionalsocialista no veían con buenos ojos la nueva creación de Strauss, pero respetaban tanto a Strauss y la ópera era tan aséptica en contenidos que podrían considerarse inmorales, que no tuvieron más remedio que permitir que se presentara.

RAINER MARIA RILKE

Con un rostro de rasgos poco llamativos, lo único que resaltaba de Rilke eran sus ojos azules. Tenía, según Zweig, un alma inmensamente sensible, que hacía que tuviera un gran sentido estético, pulcritud y buen gusto, pero que al tiempo hacía que el orden y la limpieza fueran necesidades fundamentales para él. Era un hombre silencioso y enigmático, que solía pasar inadvertido y que evitaba el ruido y la fama. Además, era poco accesible y parecía de paso por el mundo: no solamente era muy reservado sino que nunca tenía un domicilio o trabajo fijos, lo que hacía que encontrárselo fuera siempre una afortunada casualidad.

CONSIDERACIONES FORMALES

GÉNERO

Aunque desde su subtítulo, «Memorias de un europeo», todo el mundo está de acuerdo en que este texto es una autobiografía, creemos importante discutir y complementar esta idea con algunas consideraciones.

¿Autobiografía o memorias?

Aunque estos dos términos se usan muchas veces de forma intercambiable, pues en ambos casos se trata de relatos escritos en primera persona en los que su autor cuenta sus vivencias y muestra su personalidad, estos se diferencian por el lapso que cubren. La autobiografía hace un recorrido más completo por toda la vida del autor, mientras que las memorias están más enfocadas en un evento o época particular. En el caso de *El mundo de ayer*, se podría decir que se trata de una autobiografía en la medida en que Zweig hace un recorrido por toda su vida. Sin embargo, debido al subtítulo y al enfoque del texto, en los cambios de Europa debido a las guerras, se podría decir que son unas memorias: el autor quiere, sobre todo, hablar del cambio de época del que fue testigo.

Pero, además, una autobiografía narra, normalmente, asuntos de la vida privada del escritor, sus sentimientos y emociones, sus relaciones más cercanas y sus secretos íntimos. Este no es el caso del texto de Zweig. No se trata solo del hecho de que escriba sobre la época particular que le tocó vivir y del estrecho e inevitable vínculo entre su vida personal y la historia europea, sino también del estilo en el que escribe. El texto de Zweig no tiene un tono íntimo o de confesión, a pesar de que habla de hechos de su vida privada, sino que es más bien descriptivo. El autor intenta mostrar de la forma más fiel posible lo que era la vida cultural y moral en Austria (y en Europa) antes, durante y después de la guerra, habla de los intelectuales famosos de la época y de cómo influyeron en él, discute sobre política y relata cambios sociales y económicos.

Las historias de su infancia y juventud, las descripciones de su hogar y de sus padres, no buscan tanto contar quién era él, sino retratar una época: narrar la Viena de la preguerra, una ciudad floreciente, llena de teatros, librerías, cafés y artistas en la que todos se preciaban de su cultura. Pero también una ciudad poblada de una alta sociedad rica e hipócrita, que despreciaba el sexo pero se escondía para practicarlo, que veía a las mujeres como inferiores y que no concebía las trasgresiones de clase. Así mismo, las historias de su adultez no buscan solo hablar de su vida sentimental y de sus amigos cercanos (todos famosos intelectuales de la época), de su miedo ante la guerra o de sus conflictos con el exilio, sino que también buscan contar cómo fue de inesperada la guerra para todos, los cambios repentinos que trajo y el desencanto que causó en toda una generación.

¿Relato histórico?

Como asegura Zweig en el prólogo,

«Yo mismo, por ejemplo, he sido contemporáneo de las dos guerras más grandes de la humanidad, y cada una de ellas la viví en un bando diferente: una en el alemán y otra, en el antialemán. Antes de la guerra había conocido la forma y el grado más altos de la libertad individual y después, su nivel más bajo desde siglos. He sido homenajeado y marginado, libre y privado de libertad, rico y pobre» (Zweig 2011, 13).

No solo a su generación le tocó vivir los momentos más difíciles del siglo XX, sino que a él, por su situación particular, esto lo afectó de manera más directa. ¿A qué nos referimos? Zweig era vienés y judío. Esto hizo que durante las dos guerras mundiales estuviera en el centro del conflicto por una u otra razón. Durante la primera, las tensiones entre el Imperio austro-húngaro, bajo dominio de los Habsburgo durante 800 años, y sus provincias separatistas (pobladas por checos, serbios, rumanos) fue lo que detonó la guerra, que terminó con la disolución del Imperio, el exilio del emperador y la creación de Austria como república. Una pequeña república empobrecida por la guerra y cuya capital, Viena, había dejado de ser el centro cultural que el escritor conoció en su juventud. Y, durante la segunda, debido a los intereses de Hitler de conquistar Austria y a su condición de judío, fue blanco de persecuciones y ataques que lo llevaron al exilio en Inglaterra. Allí pudo vivir tranquilo durante un tiempo, pero después, cuando Inglaterra le declaró la guerra a Alemania, se convirtió en enemigo.

Las autobiografías suelen tener, por su naturaleza, un importante componente de historia, pues las personas viven en un contexto particular del que no se pueden escapar. Sin embargo, la obra de Zweig no es un relato histórico por este único hecho, sino que el enfoque de su texto es histórico: él sabe que su situación es particular y por eso su autobiografía no se centra en su vida privada, sino más bien en aquellos momentos en los que supo que estaba formando parte de la historia. El propósito de su libro parece ser no solo hacer un recuento de su vida, sino también dejar un testimonio del espíritu de una época para las generaciones futuras.

Un ejemplo de esto es el episodio en la estación de tren. Cuando terminó la Primera Guerra Mundial, Zweig decidió volver a Austria, pues a pesar de que sabía que la situación sería complicada, creía que le debía fidelidad a su país y que era su responsabilidad volver a trabajar por él. Por eso tomó un tren desde Suiza que lo llevara de vuelta. Durante el viaje, debía cambiar de tren en una estación fronteriza, pero cuando llegaron se encontraron con una imagen que acompañó al narrador hasta su muerte. Todos los guardias de la estación estaban parados de forma solemne en la plataforma, al tiempo que cientos de personas vestidas de negro se habían acercado y esperaban allí consternadas. En ese momento, se detuvo en la estación un tren viejo dentro del cual viajaba el último emperador de los Habsburgo con su esposa, quienes habían sido obligados a dejar Austria para siempre. Esas personas habían acudido allí a despedirse de su emperador y, también, de cierta forma, de lo que habían sido hasta ese momento.

<u>¿Sabía que...?</u>

Muchos críticos han dicho que, a pesar del intento de Zweig de hacer una narración fiel de la realidad, su autobiografía es, más bien, una revisión nostálgica del pasado. Al leer la versión que da Zweig de Austria, el lector no se puede imaginar las diferencias irreconciliables entre las distintas naciones que constituían el Imperio, ni la incompetencia de un emperador viejo y cansado, ni la disfuncionalidad del Parlamento, que servía como chivo expiatorio de los conflictos étnicos y de clase.

¿*Künstlerroman*?

El género de *bildungsroman* hace referencia a novelas cuyo eje es la formación y el desarrollo físico, moral y psicológico de un personaje desde la infancia hasta la madurez. El *künstlerroman* es un subgénero de este y su diferencia radica en que el personaje en formación es un artista. Así, este tipo de novelas narran la infancia, normalmente un periodo de exploración en el cual el artista en ciernes reconoce su sensibilidad y su gusto por el arte, en este caso la literatura; un período de descubrimiento del talento en el que el artista emprende su camino, cuenta sus primeras exploraciones y éxitos; y, finalmente, un momento de consumación, en el que el artista alcanza la fama y el reconocimiento, pero, sobre todo, alcanza un anhelado momento de perfección artística.

Así pues, se puede decir que, en la medida en que narra la propia conversión de Zweig en escritor, *El mundo de ayer* es una *künstlerroman* en la que podemos ver claramente el desarrollo y la conversión de un hombre en artista.

ESTILO

Estructura

Esta autobiografía está dividida en 17 capítulos cuyos títulos anuncian lo que va a pasar. Estos títulos, además, revelan y evocan esa cultura humanista que habría de perderse tras la Primera Guerra Mundial. Ejemplos de esto son los nombres «Eros matutinus» (Amor matutino), «Universitas Vitae» (Universidad de la vida) o «La agonía de la paz». Títulos que, además, evocan ese pasado idealizado por Zweig de la preguerra en el que todo era bienestar y el futuro parecía brillante.

Aunque el texto, en su mayoría, está construido siguiendo un orden lineal que va desde la descripción del contexto en el que nació y creció Zweig hasta su pérdida absoluta de la esperanza de la paz con la Segunda Guerra Mundial y su mudanza a América Latina, a veces hay saltos temporales. Zweig escribió este texto muy poco antes de suicidarse en Brasil y, por eso, a veces pasa de los recuerdos del pasado a su situación actual e intercala impresiones que tuvo en el pasado con las del momento. Así pues, sus memorias están todas teñidas de sus emociones oscuras y pesimistas del presente pero, sobre todo, de su certeza sobre lo que pasó. El texto, pues, debido a que su autor ya sabe lo que pasó, se convierte en un recuento de la transformación espiritual de Europa que el autor solo puede ver desde su presente.

Lenguaje

Como se decía más arriba, el tono de esta autobiografía es,

en general, directo y poco emocional. El lenguaje que usa el autor es más bien descriptivo y, a pesar de que narra momentos muy difíciles de su vida en los que definitivamente debía de sentir muchas emociones, su tono no intenta tanto conmover como explicar.

La intención del texto parece ser más documental e histórica que confesional e íntima, pues Zweig no parece muy interesado en hacer un análisis de su vida y de su destino particulares, sino en hacer un retrato fiel de la época y de su generación. Una generación para la cual la violencia y los radicalismos eran imposibles en la era de la razón; una generación que nació en un mundo convencido del progreso y con absoluta fe en la humanidad, y que murió aún incapaz de aceptar del todo los horrores de los que eran capaces los hombres en nombre de un ideal; una generación, en fin, para la cual la historia tuvo un peso como para ninguna otra.

Por estas razones, la autobiografía de Zweig está llena de extensas descripciones de lugares y tradiciones y de los personajes históricos que fueron sus amigos. No solo aparecen poetas, músicos y artistas, que le dan al lector una idea de la cantidad de mentes brillantes que vivieron al tiempo en aquella época y del ambiente cultural que se respiraba en el continente, sino que también aparecen políticos, filósofos y diversos líderes, que muestran las diferentes ideas que llenaban Europa.

TEMÁTICAS Y CLAVES DE LECTURA

PASADO *VS.* PRESENTE

Uno de los grandes temas de la autobiografía de Zweig y de sus principales intereses al escribir la obra era retratar los cambios que había sufrido Europa en menos de cincuenta años. Estos cambios eran sobre todo sociales y culturales y Zweig los veía entre su generación y la siguiente, que vivieron en un mundo de paradojas como nunca se había visto. Por ejemplo, tal como dice Zweig, nunca había sido Europa más hermosa, próspera y con fe en el futuro que antes de verse arrasada por la Primera Guerra Mundial.

La generación de la preguerra no solo era idealista y soñadora, sino que, además, como ya se ha dicho más arriba, valoraba sobre todo la seguridad y por eso se aferraba a las tradiciones. Conservadora, e incluso hipócrita en lo que se refería a la sexualidad, que era un tema prohibido e incómodo por ser considerado anárquico, fue una generación que gozó de más libertad individual que la generación de la posguerra. A diferencia de esa nueva generación, la de Zweig no estaba obligada a prestar servicio militar ni social, ni se vio tan tentada, aseguraba él, a profesar ideologías de masas. Podían seguir sus inclinaciones intelectuales y moldear sus vidas privadas de forma más individual. Además, gracias a la confianza que se respiraba, era un mundo sin pasaportes, más cosmopolita y abierto para todos.

Los jóvenes de la posguerra, por su lado, eran más desconfiados y ya no creían en nada; estaban desencantados, agotados y desalentados. No disfrutaban de tantas libertades personales, tema fundamental para Zweig, y no creían en la guerra como había creído la generación anterior; cuando llegó la Segunda Guerra Mundial, nadie la recibió con el entusiasmo y optimismo de la primera. Pero este desencanto no fue del todo negativo:

> «Toda una generación de jóvenes había dejado de creer en los padres, en los políticos y los maestros; leía con desconfianza cualquier decreto, cualquier proclama del Estado. La generación de la posguerra se emancipó de golpe, brutalmente, de todo cuanto había estado en vigor hasta entonces y volvió la espalda a cualquier tradición, decidida a tomar en sus manos su propio destino, a alejarse de todos los pasados y marchar con ímpetu hacia el futuro» (Zweig 2011, 379).

Con su desencanto, esta generación tuvo que volver a inventarlo todo. Por eso, la época de entre guerras fue de liberación sexual: todo el mundo quería simplemente disfrutar de la vida. Pero, además, la liberación se vivió con especial fuerza en las artes con sus vanguardias: estos nuevos talentos estaban dispuestos a destruirlo todo. Los poetas dejaron atrás la métrica, los músicos el ritmo y los artistas la representación y disfrutaron de una libertad como nunca se había visto. Y aunque algunos de estos cambios escandalizaban a Zweig, hijo, en últimas, de su época, él también supo reconocer que muchas de estas transformaciones no eran solo valiosas estéticamente, sino que habían contribuido a limpiar el aire estancado y podían llevar a una renovación espiritual necesaria.

FE CIEGA EN LA RAZÓN Y EN EL FUTURO

Otra de las grandes paradojas de las que fue testigo Zweig durante su vida fue lo que él llamó el constante mejoramiento de la técnica y el empeoramiento humano. Su generación tenía una fe ingenua y absoluta en la razón y creía que los avances técnicos y las cimas intelectuales que había alcanzado, cercanas a la divinidad, eran la prueba de la superioridad humana.

Idealistas, los miembros de esta generación creían que estaban en camino hacia el mejor de los mundos posibles y que el progreso técnico iba seguido, necesariamente, de un progreso moral igual. Sin embargo, la guerra a la que fueron con tanto entusiasmo pronto les demostró lo equivocados que estaban pues, con sus trincheras, la humanidad retrocedió a la edad de las cavernas.

Esa fe absoluta en la razón, que le impedía a aquellas generaciones ver sus grandes peligros y sombras, llevó a que los hombres se aniquilaran como nunca antes lo habían hecho. No solo la razón no implicaba ningún progreso moral, sino que sucedió lo contrario: cuanto más inteligente y capaz se hizo el hombre, más se autodestruyó.

JUDAÍSMO

Aunque Zweig se consideraba un ciudadano del mundo y no creía en los nacionalismos, estudió las contribuciones de los judíos a la sociedad austriaca y, en últimas, debido a su destino, no pudo liberarse del todo de un sentimiento cercano al patriotismo que lo unía a los demás judíos del mundo en sus épocas de más dificultad. Pero además, Zweig creía que la diáspora judía, por el hecho de que fueran personas sin tierra pero vinculadas por lazos más fuertes, era una evidencia de que la libertad supranacional era posible.

En su autobiografía, Zweig hace una defensa y reconocimiento de ellos. Los judíos fueron fundamentales en la creación de aquella Viena que tanto halagaba. La contribución cultural de académicos, pintores, directores de teatro, arquitectos, periodistas, escritores y músicos a la vida vienesa era incalculable y también lo era el apoyo que todas las artes recibían gracias a la burguesía judía de esa ciudad. Fue gracias a esas personas que Austria se convirtió en el centro artístico y cultural que fue: un lugar liberal en el que había espacio para todos.

Así pues, el interés de Zweig parece ser, como han señalado algunos críticos, no solo el de resaltar el lugar de los judíos en la sociedad austríaca y su papel en la creación de una cultura moderna en aquel país, sino también el de intentar eliminar los prejuicios con que siempre se los caracterizó. Por eso, nos explica:

> «En opinión generalmente aceptada, la verdadera y típica finalidad de la vida de un judío consiste en hacerse rico. Nada más falso. Para él, llegar a ser rico significa sólo un escalón, un medio para lograr el auténtico objetivo, pero nunca es un fin en sí mismo. El deseo propiamente dicho del judío, su ideal inmanente, es ascender al mundo del espíritu, a un estrato cultural superior» (Zweig 2011, 29).

Contrario al prejuicio común de que los judíos solo quieren

enriquecerse a toda costa, Zweig intenta explicar que, en realidad, el dinero es solo un medio para alcanzar una superioridad espiritual que solo se puede obtener a través de las artes.

EL ARTE COMO VALOR SUPREMO

A lo largo de su autobiografía, un tema al que Zweig siempre vuelve es el arte. El arte no era solo el principal interés de los vieneses y de él en particular, sino que cumplió una labor doble: por un lado, la poesía fue, para la generación de Zweig, una distracción de la política. Estaban tan concentrados en ella que nunca se dieron cuenta de lo que pasaba afuera en el mundo y, por eso, cuando la guerra empezó, los tomó por sorpresa.

Pero, por otro lado, el arte fue también lo único que salvó a Austria después de la guerra, lo único que los mantuvo a flote en los momentos de mayor dificultad: «Lo que antes nos parecía importante, ahora lo era todavía más; nunca en Austria habíamos amado tanto el arte como en aquellos años de caos, porque, traicionados por el dinero, nos dábamos cuenta de que sólo lo eterno que llevamos dentro es lo realmente estable» (Zweig 2011, 375). Durante el tiempo de la inflación y las penurias, los austriacos igualmente lograban conseguir la forma de ir a la ópera o al teatro, pues en aquellos días de destrucción física y cansancio mental sabían que esa era la única forma de alimentar al espíritu y de mantener la esperanza.

Además, para Zweig, la escritura cumplía un papel doble en su vida. Esta era su único refugio y fue el espacio que encontró para mantener su libertad interior e individual en los momentos de entusiasmo con la guerra y de apasionamiento nacionalista. Pero no solo la escritura era un consuelo, sino que también se convirtió en su responsabilidad ética. Zweig nunca cesó de escribir durante las dos guerras, y escribió obras comprometidas con el pacifismo y la unión de Europa, pues siempre consideró que era labor fundamental de los artistas mantener un compromiso intelectual y defenderlo siempre.

PISTAS PARA LA REFLEXIÓN

ALGUNAS PREGUNTAS PARA PROFUNDIZAR EN SU REFLEXIÓN...

- ¿Cree que Stefan Zweig es un narrador confiable?
- ¿En qué medida y hasta qué punto se puede decir que este texto hace un retrato fiel de la Europa de principios del siglo XX?
- Piense en sus conocimientos sobre la Primera y Segunda Guerra Mundial. ¿En qué medida se asemeja o diferencia lo que dice de ellas Zweig?
- ¿Cómo son los alemanes según Zweig? ¿Está de acuerdo con sus descripciones? Explique por qué.
- ¿Siente empatía por Zweig? Justifique su respuesta.
- ¿Qué cree que pensaría Zweig del mundo de hoy? ¿Cree que diría que somos igual de ingenuos a su generación?
- ¿Cuál es el papel de las artes en los tiempos más oscuros de la humanidad? Justifique su respuesta a partir de las consideraciones de Zweig.
- ¿Por qué cree que Zweig casi no habla de su vida privada sino, más bien, de su vida pública?

PARA IR MÁS ALLÁ

EDICIÓN DE REFERENCIA

- Zweig, Stefan. 2011. *El mundo de ayer.* Traducido por Joan Fontcuberta y Agata Orzeszek. Barcelona: Acantilado.

ESTUDIOS DE REFERENCIA

- Wistrich, Robert. 2007. "Stefan Zweig and 'The World of Yesterday'". En *Stefan Zweig Reconsidered: New Perspectives On His Literary And Biographical Writings.* Editado por Mark H. Gelbert. Tübingen: De Gruyter.
- Gelber, Mark H. 2007. "Stefan Zweig as (Austrian) Eulogist". En *Stefan Zweig Reconsidered: New Perspectives On His Literary And Biographical Writings.* Editado por Mark H. Gelbert. Tübingen: De Gruyter.

LECTURAS RECOMENDADAS

- Prater, Donald. 2003. *European of Yesterday: A Biography of Stefan Zweig.* Nueva York: Holmes & Meier.
- Stanislawski, Michael. 2004. *Autobiographical Jews: Essays in Jewish Self-Fashioning.* Seattle: University of Washington Press.

ResumenExpress.com